AF188205

Impressum
Verlag: BABADADA GmbH, Nedderfeld 112 , 22529 Hamburg
Geschäftsführer / Verlagsleitung: Harald Hof
Druck: Books on Demand GmbH, In de Tarpen 42, 22848 Norderstedt

Imprint
Publisher: BABADADA GmbH, Nedderfeld 112 , 22529 Hamburg, Germany
Managing Director / Publishing direction: Harald Hof
Print: Books on Demand GmbH, In de Tarpen 42, 22848 Norderstedt

# école
## school

salle de classe
classroom

diviser
divide

$186/2$

tableau noir
board

cour (de récréation)
school yard

professeur
teacher

papier
paper

écrire
write

stylo
pen

bureau
desk

règle
ruler

livre
book

élève
pupil

cartable
satchel

trousse
pencil case

crayon
pencil

taille-crayon
pencil sharpener

gomme
rubber

carnet à dessin
drawing pad

dessin

drawing

pinceau

paintbrush

boîte de peinture

paint box

ciseaux

scissors

colle

glue

cahier d'exercices

exercise book

devoirs

homework

chiffre

number

additionner

add

soustraire

subtract

multiplier

multiply

calculer

calculate

lettre

letter

alphabet

alphabet

mot

word

texte

text

lire

read

craie

chalk

leçon

lesson

livre de classe

register

examen

exam

certificat

certificate

uniforme scolaire

school uniform

formation

education

lexique

encyclopedia

université

university

microscope

microscope

carte

map

corbeille à papier

waste-paper basket

hôtel
hotel

auberge
hostel

ROOMS

bureau de change
bureau de change

valise
suitcase

voiture
car

langue
language

oui / non
yes / no

d'accord
Okay

Salut
hello

interprète
translator

merci
Thank you

Combien coûte...?

how much is...?

Je ne comprends pas

I do not understand

problème

problem

Bonsoir !

Good evening!

Bonjour !

Good morning!

Bonne nuit !

Good night!

Au revoir

bye bye

direction

direction

bagages

luggage

sac

bag

sac-à-dos

backpack

hôte

guest

pièce

room

sac de couchage

sleeping bag

tente

tent

voyage - travel

office de tourisme

tourist information

plage

beach

carte de crédit

credit card

petit-déjeuner

breakfast

déjeuner

lunch

dîner

dinner

billet

ticket

ascenseur

lift

timbre

stamp

frontière

border

douane

customs

ambassade

embassy

visa

visa

passeport

passport

voyage - travel

avion
aeroplane

navire
ship

véhicule de pompiers
fire engine

bus
bus

camion
truck

bateau à moteur
motorboat

bicyclette
bike

voiture
car

ferry

ferry

barque

boat

moto

motorbike

voiture de police

police car

voiture de course

racing car

voiture de location

rental car

auto-partage

car sharing

voiture de remorquage

breakdown truck

benne à ordures

refuse truck

moteur

motor

essence

fuel

station d'essence

petrol station

panneau indicateur

traffic sign

trafic

traffic

embouteillage

traffic jam

parking

car park

gare

train station

rails

tracks

train

train

tramway

tram

wagon

carriage

hélicoptère

helicopter

aéroport

airport

tour

tower

passager

passenger

conteneur

container

carton

carton

chariot

cart

corbeille

basket

décoller / atterrir

take off / land

## ville

## city

village

village

centre-ville

city centre

maison

house

cinéma
cinema

publicité
advert

réverbère
street lamp

rue
street

taxi
taxi

kiosque
snack shop

piéton
pedestrian

CINEMA

trottoir
pavement

passage piéton
zebra crossing

poubelle
bin

carrefour
crossing

feux de circulation
traffic lights

cabane

hut

appartement

flat

gare

train station

mairie

town hall

musée

museum

école

school

université
university

banque
bank

hôpital
hospital

hôtel
hotel

pharmacie
pharmacy

bureau
office

librairie
book shop

magasin
shop

fleuriste
florist's

supermarché
supermarket

marché
market

grand magasin
department store

poissonnerie
fishmonger's

centre commercial
shopping centre

port
harbour

ville - city

parc

park

banque

bench

pont

bridge

escaliers

stairs

métro

underground

tunnel

tunnel

arrêt de bus

bus stop

bar

bar

restaurant

restaurant

boîte à lettres

postbox

panneau indicateur

street sign

parcmètre

parking meter

zoo

zoo

piscine

swimming pool

mosquée

mosque

ferme

farm

pollution

pollution

cimetière

graveyard

église

church

aire de jeux

playground

temple

temple

## paysage
## landscape

feuille
leaf

panneau indicateur
signpost

chemin
way

pré
meadow

pierre
stone

arbre
tree

randonneur
hiker

rivière
river

herbe
grass

fleur
flower

vallée

valley

montagne

hill

lac

lake

forêt

forest

désert

desert

volcan

volcano

château

castle

arc-en-ciel

rainbow

champignon

mushroom

palmier

palm tree

moustique

mosquito

mouche

fly

fourmis

ant

abeille

bee

araignée

spider

**paysage - landscape**

coléoptère

beetle

grenouille

frog

écureuil

squirrel

hérisson

hedgehog

lièvre

hare

chouette

owl

oiseau

bird

cygne

swan

sanglier

boar

cerf

deer

élan

moose

barrage

dam

éolienne

wind turbine

panneau solaire

solar panel

climat

climate

serveur
waiter

menu
menu

chaise
chair

soupe
soup

pizza
pizza

couverts
cutlery

nappe
tablecloth

hors d'œuvre
starter

plat principal
main course

dessert
dessert

boissons
drinks

alimentation
food

bouteille
bottle

fast-food
fast food

plats à emporter
street food

théière
teapot

sucrier
sugar bowl

portion
portion

machine à expresso
espresso machine

chaise haute
high chair

facture
bill

plateau
tray

couteau
knife

fourchette
fork

cuillère
spoon

cuillère à thé
teaspoon

serviette
serviette

verre
glass

assiette

plate

assiette à soupe

soup plate

soucoupe

saucer

sauce

sauce

salière

salt pot

moulin à poivre

pepper mill

vinaigre

vinegar

huile

oil

épices

spices

ketchup

ketchup

moutarde

mustard

mayonnaise

mayonnaise

# supermarché
## supermarket

offre promotionnelle
special offer

client
customer

FOR

produits laitiers
dairy

fruits
fruit

chariot
trolley

boucherie
butcher's

boulangerie
baker's

peser
weigh

légumes
vegetables

viande
meat

aliments surgelés
frozen food

**charcuterie**

cold meat

**conserves**

tinned food

**poudre à lessive**

washing powder

**bonbons**

sweets

**articles ménagers**

household products

**détergents**

cleaning products

**vendeuse**

salesperson

**caisse**

till

**caissier**

cashier

**liste d'achats**

shopping list

**heures d'ouverture**

opening hours

**portefeuille**

wallet

**carte de crédit**

credit card

**sac**

bag

**sac en plastique**

plastic bag

# boissons

## drinks

eau

water

jus de fruit

juice

lait

milk

coca

coke

vin

wine

bière

beer

alcool

alcohol

chocolat chaud

cocoa

thé

tea

café

coffee

expresso

espresso

cappuccino

cappuccino

banane
banana

pomme
apple

orange
orange

melon
melon

citron
lemon

carotte
carrot

ail
garlic

bambou
bamboo

oignon
onion

champignon
mushroom

noisettes
nuts

pâtes
noodles

spaghetti
spaghetti

riz
rice

salade
salad

pommes frites
chips

pommes de terre rôties
fried potatoes

pizza
pizza

hamburger
hamburger

sandwich
sandwich

escalope
cutlet

jambon
ham

salami
salami

saucisse
sausage

poulet
chicken

rôti
roast

poisson
fish

flocons d'avoine

porridge oats

muesli

muesli

cornflakes

cornflakes

farine

flour

croissant

croissant

petits-pains

bread roll

pain

bread

pain grillé

toast

biscuits

biscuits

beurre

butter

le fromage blanc

curd

gâteau

cake

œuf

egg

œuf au plat

fried egg

fromage

cheese

glace

ice cream

sucre

sugar

miel

honey

confiture

jam

crème nougat

chocolate spread

curry

curry

ferme
farmhouse

grange
barn

botte de paille
straw bale

champ
field

cheval
horse

remorque
trailer

poulain
foal

tracteur
tractor

âne
donkey

agneau
lamb

mouton
sheep

chèvre
.................
goat

vache
.................
cow

veau
.................
calf

porc
.................
pig

porcelet
.................
piglet

taureau
.................
bull

oie

goose

canard

duck

poussin

chick

poule

hen

coq

cock

rat

rat

chat

cat

souris

mouse

bœuf

ox

chien

dog

chenil

doghouse

tuyau de jardin

garden hose

arrosoir

watering can

faucheuse

scythe

charrue

plough

ferme - farm

faucille
sickle

pioche
hoe

fourche
pitchfork

hache
axe

brouette
wheelbarrow

cuve
trough

pot à lait
milk can

sac
sack

clôture
fence

étable
stable

serre
greenhouse

sol
soil

semences
seed

engrais
fertilizer

moissonneuse-batteuse
combine harvester

ferme - farm

récolter
harvest

récolte
harvest

igname
yams

blé
wheat

soja
soy

pomme de terre
potato

maïs
corn

colza
rapeseed

arbre fruitier
fruit tree

manioc
cassava

céréales
cereals

cheminée
chimney

toit
roof

gouttière
drainpipe

fenêtre
window

garage
garage

sonnette
doorbell

porte
door

poubelle
rubbish bin

boîte aux lettres
letterbox

jardin
garden

salon
living room

salle de bain
bathroom

cuisine
kitchen

chambre à coucher
bedroom

chambre d'enfant
child's room

salle à manger
dining room

sol

floor

mur

wall

plafond

ceiling

cave

cellar

sauna

sauna

balcon

balcony

terrasse

terrace

piscine

pool

tondeuse à gazon

lawn mower

housse

sheet

couette

bedspread

lit

bed

balai

broom

sceau

bucket

interrupteur

switch

papier peint
wallpaper

image
picture

lampe
lamp

étagère
shelf

armoire
cupboard

cheminée
fireplace

télé
television

fleur
flower

coussin
cushion

sofa
sofa

vase
vase

télécommande
remote control

tapis
carpet

rideau
curtain

table
table

chaise
chair

chaise à bascule
rocking chair

fauteuil
armchair

livre

book

couverture

blanket

décoration

decoration

bois de chauffage

firewood

film

film

chaîne hi-fi

hi-fi equipment

clé

key

journal

newspaper

peinture

painting

poster

poster

radio

radio

bloc-notes

notepad

aspirateur

hoover

cactus

cactus

bougie

candle

réfrigérateur
fridge

four à micro-ondes
microwave oven

balance de cuisine
kitchen scales

grille-pain
toaster

détergent
detergent

four
oven

compartiment congélateur
freezer

poubelle
rubbish bin

lave-vaisselle
dishwasher

four
cooker

casserole
pot

marmite
cast-iron pot

wok / kadai
wok / kadai

poêle
pan

bouilloire electrique
kettle

cuiseur vapeur

steamer

plaque de cuisson

baking tray

vaisselle

crockery

gobelet

mug

coupe

bowl

baguettes

chopsticks

louche

ladle

spatule

spatula

fouet

whisk

passoire

strainer

tamis

sieve

râpe

grater

mortier

mortar

barbecue

barbecue

cheminée

open fire

planche à découper
chopping board

rouleau à pâtisserie
rolling pin

tire-bouchon
corkscrew

boîte
can

ouvre-boîte
can opener

maniques
pot holder

lavabo
sink

brosse
brush

éponge
sponge

mixeur
blender

congélateur
deep freezer

biberon
baby bottle

robinet
tap

douche
shower

chauffage
heating

serviette
towel

rideau de douche
shower curtain

bain moussant
bubble bath

baignoire
bathtub

verre
glass

machine à laver
washing machine

robinet
tap

carrelage
tiles

pot
potty

lavabo
sink

| | | |
|---|---|---|
| toilettes | toilette à la turque | bidet |
| toilet | squat toilet | bidet |
| urinoir | papier toilette | brosse à toilette |
| urinal | toilet paper | toilet brush |

**brosse à dents**

toothbrush

**dentifrice**

toothpaste

**fil dentaire**

dental floss

**laver**

wash

**douche manuelle**

handheld shower

**douche intime**

douche

**vasque**

basin

**brosse dorsale**

back brush

**savon**

soap

**gel douche**

shower gel

**shampooing**

shampoo

**gant de toilette**

flannel

**écoulement**

drain

**crème**

cream

**déodorant**

deodorant

miroir

mirror

miroir cosmétique

hand mirror

rasoir

razor

mousse à raser

shaving foam

après-rasage

aftershave

peigne

comb

brosse

brush

sèche-cheveux

hair dryer

laque pour cheveux

hairspray

fond de teint

makeup

rouge à lèvres

lipstick

vernis à ongles

nail varnish

ouate

cotton wool

coupe-ongles

nail scissors

parfum

perfume

**trousse de toilette**

washbag

**tabouret**

stool

**pèse-personne**

weighing scale

**peignoir**

bathrobe

**gants de nettoyage**

rubber gloves

**tampon**

tampon

**serviettes hygiéniques**

sanitary towel

**toilette chimique**

chemical toilet

réveil
alarm clock

doudou
cuddly toy

voiture jouet
toy car

hochet
rattle

maison de poupée
doll's house

cadeau
present

ballon
balloon

lit
bed

poussette
pram

jeu de cartes
deck of cards

puzzle
jigsaw

bande dessinée
comic

pièces lego

lego bricks

blocs de construction

building blocks

figurine

action figure

grenouillère

babygrow

frisbee

frisbee

mobile

mobile

jeu de société

board game

dé

dice

train miniature

model train set

sucette

dummy

fête

party

livre d'images

picture book

balle

ball

poupée

doll

jouer

play

chambre d'enfant  -  child's room

bac à sable

sandpit

balançoire

swing

jouets

toys

console de jeu

video game console

tricycle

tricycle

ours en peluche

teddy bear

armoire

wardrobe

## vêtements

## clothing

chaussettes

socks

bas

stockings

collant

tights

écharpe
scarf

ceinture
belt

parapluie
umbrella

t-shirt
t-shirt

baskets
trainers

bottes
boots

pantoufles
slippers

sandales
...........
sandals

chaussures
...........
shoes

bottes de caoutchouc
...........
rubber boots

sous-vêtements
...........
underpants

soutien-gorge
...........
bra

maillot de corps
...........
vest

vêtements - clothing

body
body

pantalon
trousers

jean
jeans

jupe
skirt

chemisier
blouse

chemise
shirt

pull
pullover

sweat à capuche
hoodie

veste
blazer

veste
jacket

manteau
coat

imperméable
raincoat

costume
costume

robe
dress

robe de mariée
wedding dress

costume
suit

chemise de nuit
nightgown

pyjama
pyjamas

sari
sari

foulard
headscarf

turban
turban

burqa
burqa

caftan
kaftan

abaya
abaya

maillot de bain
swimsuit

maillot de bain
trunks

short
shorts

tenue d'entraînement
tracksuit

tablier
apron

gants
gloves

bouton

button

lunettes

glasses

bracelet

bracelet

collier

necklace

bague

ring

boucle d'oreille

earring

bonnet

cap

cintre

coat hanger

chapeau

hat

cravate

tie

fermeture éclair

zip

casque

helmet

bretelles

braces

uniforme scolaire

school uniform

uniforme

uniform

vêtements - clothing

bavoir

bib

sucette

dummy

lange

nappy

## bureau
### office

serveur
server

armoire d'archivage
filing cabinet

imprimante
printer

papier
paper

écran
monitor

souris
mouse

bureau
desk

classeur
folder

clavier
keyboard

corbeille à papier
waste-paper basket

chaise
chair

ordinateur
computer

tasse de café

coffee mug

calculatrice

calculator

internet

internet

ordinateur portable

laptop

lettre

letter

message

message

portable

mobile

réseau

network

photocopieuse

photocopier

logiciel

software

téléphone

telephone

prise

plug socket

fax

fax machine

formulaire

form

document

document

acheter

buy

payer

pay

faire du commerce

trade

monnaie

money

**USD**

dollar

dollar

**EUR**

euro

euro

**JPY**

yen

yen

**RUB**

rouble

rouble

**CHF**

franc suisse

Swiss franc

**CNY**

renminbi yuan

renminbi yuan

**INR**

roupie

rupee

distributeur automatique

cashpoint

bureau de change

bureau de change

or

gold

argent

silver

pétrole

oil

énergie

energy

prix

price

contrat

contract

taxe

tax

action

stock

travailler

work

employé

employee

employeur

employer

usine

factory

magasin

shop

économie - economy

agent de police
police officer

pompier
fireman

cuisinier
cook

médecin
doctor

pilote
pilot

jardinier
gardener

menuisier
carpenter

couturière
seamstress

juge
judge

chimiste
chemist

acteur
actor

conducteur de bus

bus driver

chauffeur de taxi

taxi driver

pêcheur

fisherman

femme de ménage

cleaning lady

couvreur

roofer

serveur

waiter

chasseur

hunter

peintre

painter

boulanger

baker

électricien

electrician

ouvrier

builder

ingénieur

engineer

boucher

butcher

plombier

plumber

facteur

postman

soldat

soldier

architecte

architect

caissier

cashier

fleuriste

florist

coiffeur

hairdresser

contrôleur

conductor

mécanicien

mechanic

capitaine

captain

dentiste

dentist

scientifique

scientist

rabbin

rabbi

imam

imam

moine

monk

prêtre

clergyman

marteau
hammer

pinces
pliers

tournevis
screwdriver

clé
spanner

torche
torch

pelleteuse
digger

boîte à outils
toolbox

échelle
ladder

scie
saw

clous
nails

perceuse
drill

réparer

repair

pelle

shovel

Mince !

Damn!

pelle

dustpan

pot de peinture

paint pot

vis

screws

## instruments de musique
## musical instruments

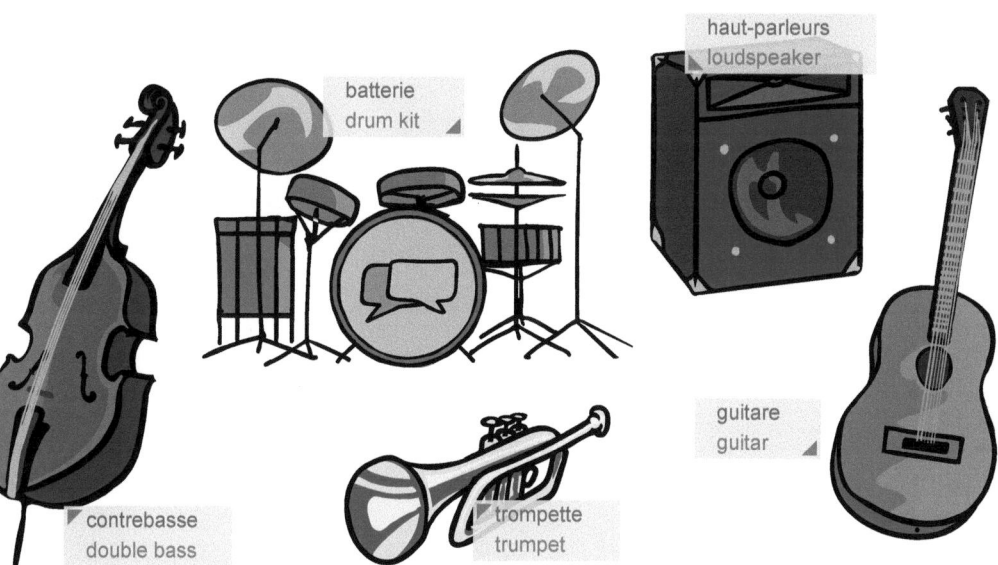

haut-parleurs
loudspeaker

batterie
drum kit

guitare
guitar

contrebasse
double bass

trompette
trumpet

piano
piano

violon
violin

basse
bass

timbales
timpani

tambour
drums

piano électrique
keyboard

saxophone
saxophone

flûte
flute

microphone
microphone

tigre
tiger

entrée
entrance

cage
cage

zèbre
zebra

alimentation animale
animal feed

panda
panda

animaux

animals

éléphant

elephant

kangourou

kangaroo

rhinocéros

rhino

gorille

gorilla

ours

bear

chameau

camel

autruche

ostrich

lion

lion

singe

monkey

flamand rose

flamingo

perroquet

parrot

ours polaire

polar bear

pingouin

penguin

requin

shark

paon

peacock

serpent

snake

crocodile

crocodile

gardien de zoo

zookeeper

phoque

seal

jaguar

jaguar

poney

pony

léopard

leopard

hippopotame

hippo

girafe

giraffe

aigle

eagle

sanglier

boar

poisson

fish

tortue

turtle

morse

walrus

renard

fox

gazelle

gazelle

american Football
American football

cyclisme
cycling

tennis
tennis

basket-ball
basketball

natation
swimming

boxe
boxing

hockey sur glace
ice hockey

football
football

badminton
badminton

athlétisme
athletics

handball
handball

ski
skiing

polo
polo

sauter
jump

rire
laugh

embrasser
hug

marcher
walk

chanter
sing

rêver
dream

prier
pray

faire la bise
kiss

écrire
write

dessiner
draw

montrer
show

pousser
push

donner
give

prendre
take

avoir

have

faire

do

être

be

être debout

stand

courir

run

trier

pull

jeter

throw

tomber

fall

être couché

lie

attendre

wait

porter

carry

être assis

sit

s'habiller

get dressed

dormir

sleep

se réveiller

wake up

regarder

look at

pleurer

cry

caresser

stroke

peigner

comb

parler

talk

comprendre

understand

demander

ask

écouter

listen

boire

drink

manger

eat

ranger

tidy up

aimer

love

cuire

cook

conduire

drive

voler

fly

faire de la voile

sail

calculer

calculate

lire

read

apprendre

learn

travailler

work

se marier

marry

coudre

sew

brosser les dents

brush teeth

tuer

kill

fumer

smoke

envoyer

send

grand-mère
grandmother

grand-père
grandfather

père
father

mère
mother

bébé
baby

fille
daughter

fils
son

hôte
guest

tante
aunt

oncle
uncle

frère
brother

sœur
sister

# corps
## body

front
forehead

œil
eye

épaule
shoulder

doigt
finger

visage
face

menton
chin

main
hand

poitrine
breast

jambe
leg

bras
arm

bébé
baby

homme
man

femme
woman

fille
girl

garçon
boy

tête
head

dos

back

ventre

belly

nombril

belly button

orteil

toe

talon

heel

os

bone

hanche

hip

genou

knee

coude

elbow

nez

nose

fesses

bottom

peau

skin

joue

cheek

oreille

ear

lèvre

lip

corps - body

69

bouche

mouth

dent

tooth

langue

tongue

cerveau

brain

cœur

heart

muscle

muscle

poumons

lung

foie

liver

estomac

stomach

reins

kidneys

rapport sexuel

sex

préservatif

condom

ovule

ovum

sperme

semen

grossesse

pregnancy

corps - body

menstruation

menstruation

vagin

vagina

pénis

penis

sourcil

eyebrow

cheveux

hair

cou

neck

hôpital
hospital

ambulance
ambulance

fauteuil roulant
wheelchair

fracture
fracture

médecin
doctor

service des urgences
emergency room

infirmière
nurse

urgence
emergency

inconscient
unconscious

douleur
pain

blessure

injury

hémorragie

bleeding

crise cardiaque

heart attack

attaque cérébrale

stroke

allergie

allergy

toux

cough

fièvre

fever

grippe

flu

diarrhée

diarrhoea

mal de tête

headache

cancer

cancer

diabète

diabetes

chirurgien

surgeon

scalpel

scalpel

opération

operation

CT

CT

radiographie

x-ray

échographie

ultrasound

masque

face mask

maladie

disease

salle d'attente

waiting room

béquille

crutch

pansement

plaster

pansement

bandage

injection

injection

stéthoscope

stethoscope

brancard

stretcher

thermomètre

clinical thermometer

accouchement

birth

surcharge pondérale

overweight

appareil auditif

hearing aid

désinfectant

disinfectant

infection

infection

virus

virus

VIH / sida

HIV / AIDS

médicament

medicine

vaccination

vaccination

comprimés

tablets

pilule

pill

appel d'urgence

emergency call

tensiomètre

blood pressure monitor

malade / sain

ill / healthy

alarme

alarm

assaut

assault

Au secours !

Help!

attaque

attack

danger

danger

sortie de secours

emergency exit

Au feu!

Fire!

extincteur

fire extinguisher

accident

accident

trousse de premier secours

first-aid kit

SOS

SOS

police

police

Europe

Europe

Amérique du Nord

North America

Amérique du Sud

South America

Afrique

Africa

Asie

Asia

Australie

Australia

Océan atlantique

Atlantic

Océan pacifique

Pacific

Océan indien

Indian Ocean

Océan antarctique

Antarctic Ocean

Océan arctique

Arctic Ocean

pôle nord

North Pole

pôle sud

South Pole

Antarctique

Antarctica

terre

Earth

pays

land

mer

sea

île

island

nation

nation

état

state

cadran

clock face

aiguille des heures

hour hand

aiguille des minutes

minute hand

aiguille des secondes

second hand

Quelle heure est-il ?

What time is it?

jour

day

temps

time

maintenant

now

montre digitale

digital watch

minute

minute

heure

hour

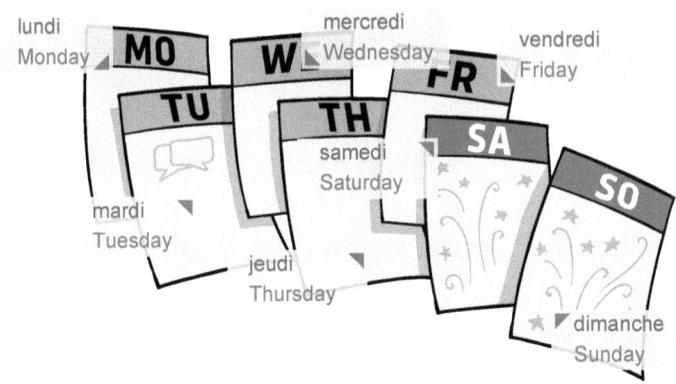

lundi
Monday

mardi
Tuesday

mercredi
Wednesday

jeudi
Thursday

vendredi
Friday

samedi
Saturday

dimanche
Sunday

hier

yesterday

aujourd'hui

today

demain

tomorrow

matin

morning

midi

noon

soir

evening

jours ouvrables

business days

week-end

weekend

pluie
rain

arc-en-ciel
rainbow

vent
wind

neige
snow

printemps
spring

été
summer

automne
autumn

hiver
winter

météo
weather forecast

thermomètre
thermometer

lumière du soleil
sunshine

nuage
cloud

brouillard
fog

humidité
humidity

foudre

lightning

tonnerre

thunder

tempête

storm

grêle

hail

mousson

monsoon

inondation

flood

glace

ice

janvier

January

février

February

mars

March

avril

April

mai

May

juin

June

juillet

July

août

August

année - year

septembre

September

octobre

October

novembre

November

décembre

December

# formes

## shapes

cercle

circle

carré

square

rectangle

rectangle

triangle

triangle

sphère

sphere

cube

cube

blanc
white

jaune
yellow

orange
orange

rose
pink

rouge
red

violet
purple

bleu
blue

vert
green

marron
brown

gris
grey

noir
black

beaucoup / peu

a lot / a little

fâché / calme

angry / calm

joli / laid

beautiful / ugly

début / fin

beginning / end

grand / petit

big / small

clair / obscure

bright / dark

frère / soeur

brother / sister

propre / sale

clean / dirty

complet / incomplet

complete / incomplete

jour / nuit

day / night

mort / vivant

dead / alive

large / étroit

wide / narrow

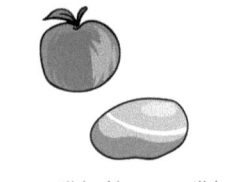

**comestible / incomestible**
edible / inedible

**méchant / gentil**
evil / kind

**excité / ennuyé**
excited / bored

**gros / mince**
fat / thin

**premier / dernier**
first / last

**ami / ennemi**
friend / enemy

**plein / vide**
full / empty

**dur / souple**
hard / soft

**lourd / léger**
heavy / light

**faim / soif**
hunger / thirst

**malade / sain**
ill / healthy

**illégal / légal**
illegal / legal

**intelligent / stupide**
intelligent / stupid

**gauche / droite**
left / right

**proche / loin**
near / far

**nouveau / usé**

new / used

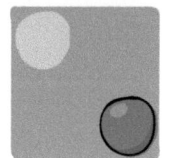

**rien / quelque chose**

nothing / something

**vieux / jeune**

old / young

**marche / arrêt**

on / off

**ouvert / fermé**

open / closed

**faible / fort**

quiet / loud

**riche / pauvre**

rich / poor

**correct / incorrect**

right / wrong

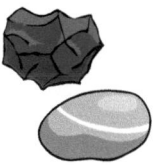

**rugueux / lisse**

rough / smooth

**triste / heureux**

sad / happy

**court / long**

short / long

**lent / rapide**

slow / fast

**mouillé / sec**

wet / dry

**chaud / froid**

warm / cool

**guerre / paix**

war / peace

**0**

zéro

zero

**1**

un / une

one

**2**

deux

two

**3**

trois

three

**4**

quatre

four

**5**

cinq

five

**6**

six

six

**7**

sept

seven

**8**

huit

eight

**9**

neuf

nine

**10**

dix

ten

**11**

onze

eleven

**12**

douze

twelve

**13**

treize

thirteen

**14**

quatorze

fourteen

**15**

quinze

fifteen

**16**

seize

sixteen

**17**

dix-sept

seventeen

**18**

dix-huit

eighteen

**19**

dix-neuf

nineteen

**20**

vingt

twenty

**100**

cent

hundred

**1.000**

mille

thousand

**1.000.000**

million

million

# langues
## languages

anglais

English

anglais américain

American English

chinois mandarin

Chinese Mandarin

hindi

Hindi

espagnol

Spanish

français

French

arabe

Arabic

russe

Russian

portugais

Portuguese

bengali

Bengali

allemand

German

japonais

Japanese

je

I

tu

you

il / elle / ce, c', cela

he / she / it

nous

we

vous

you

ils / elles

they

Qui ?

who?

Quoi ?

what?

Comment ?

how?

Où ?

where?

Quand ?

when?

nom

name

derrière

behind

dans

in

devant

in front of

au-dessus

over

sur

on

en-dessous

under

à côté de

beside

entre

between

lieu

place